19 MARS 1866

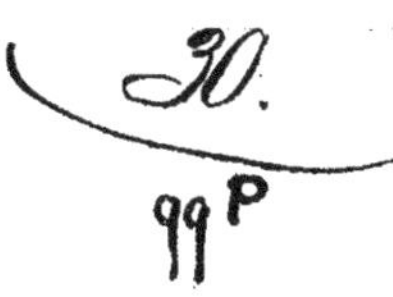

Vente des Lundi 19 et Mardi 20 Mars 1866

COLLECTION DE M. MEYER

Restaurateur d'Objets d'art.

MEUBLES D'ART

ET CURIOSITÉS

EXPOSITIONS { PARTICULIÈRE, le Samedi 17 Mars 1866
PUBLIQUE, le Dimanche 18 Mars 1866

Me Ch. PILLET, Commissaire-Priseur

MM. MANNHEIM, Experts

PARIS. — IMPRIMERIE PILLET FILS AINÉ
5, RUE DES GRANDS-AUGUSTINS

CATALOGUE

D'UNE BELLE COLLECTION

de

MEUBLES D'ART

DE DIVERSES ÉPOQUES

TELS QUE

Très-beaux Meubles de style Louis XVI, ornés de panneaux en laque et richement garnis de bronzes dorés;
Très-beaux Contadores incrustés de bois d'ébène et d'ivoire;
Lits et Tables en bois sculpté de travail portugais;
Cabinets, Bureaux, Commodes, Paravents, Encoignures, etc., en laque;
Pendules du temps de Louis XIV et de Louis XV, en marqueterie;
Belle Cheminée en marbre brèche de Sicile;
Vitrines montées en bronze doré; Porcelaines et Faïences anciennes;
Bronzes d'art et d'ameublement;
Objets variés, Tableaux anciens

DONT LA VENTE AURA LIEU

Par suite de cessation de commerce de M. MEYER,

Restaurateur d'objets d'art

HOTEL DROUOT, SALLE N° 7

Les Lundi 19 et Mardi 20 Mars 1866

A DEUX HEURES

Par le ministère de Me **CHARLES PILLET,** Commissaire-Priseur,
rue de Choiseul, 11,

Assisté de MM. **MANNHEIM**, Experts, rue de la Paix, 10,

Chez lesquels se trouve le présent Catalogue.

EXPOSITIONS { PARTICULIÈRE, le Samedi 17 Mars 1866;
PUBLIQUE, le Dimanche 18 Mars 1866;

DE UNE HEURE A CINQ.

CONDITIONS DE LA VENTE

Elle sera faite au comptant.

Les adjudicataires payeront *cinq pour cent* en sus des enchères.

L'exposition mettant le public à même de se rendre compte de l'état des objets, il ne sera admis aucune réclamation une fois l'adjudication prononcée.

Paris. — Imprimerie de Pillet fils aîné, rue des Grands-Augustins, 5.

DÉSIGNATION

DES OBJETS

Meubles

1-2 — Deux très beaux meubles à hauteur d'appui, de style Louis XVI, à trois portes et côtés ornés de panneaux en laque noir, à décor d'or en relief. Ils sont garnis de très-beaux bronzes ciselés et dorés au mat, et sont enrichis de colonnes et piédestaux en granit gris placés aux angles. Les tablettes sont aussi en granit gris. Larg., 1 mètre 30 cent.

3-4 — Deux très-beaux meubles de style Louis XVI, à hauteur d'appui et de forme cintrée, en bois d'ébène. Ils sont ornés de quatre panneaux en laque noir à décor de personnages en or, en relief, et sont très-richement garnis de bronzes dorés. Dessus en *serpentin d'Egypte*. Larg., 80 cent.

5 — Très-grande armoire à deux portes et à fronton cintré, ornée de panneaux à figures et paysages gravés en creux, laqués en couleurs sur fond noir. Elle est très-richement garnie de bronzes dorés, dans le style de Louis XVI. Larg., 1 mètre 40 cent. ; haut., 2 mètres 60 cent.

6 — Grand meuble à deux portes contournées et à fronton cintré, en laque noir à décor d'oiseaux, arbustes et paysages en or et couleurs, enrichis de fleurs en ivoire sculpté, incrustées. Le fronton est surmonté d'une chimère en bois sculpté et doré, et de deux coqs en ancienne porcelaine de Chine. Haut., 2 mètres 70 cent. ; larg., 1 mètre 35 cent.

7 — Beau cabinet en laque noir, à riche décor en relief représentant des paysages avec figures en or de couleurs. Il ferme à deux vantaux et contient huit tiroirs et deux caisses. Riche garniture de bronzes ciselés et dorés, et socle-support en bois noir sculpté. Larg., 96 cent.

8 — Cabinet pareil à celui qui précède et lui faisant pendant.

9-10 — Deux autres cabinets analogues à ceux qui précèdent. Ils seront vendus séparément.

11 — Autre cabinet en laque de Chine à décor de paysages et animaux en relief sur fond noir. Il repose sur un socle en bois de fer sculpté et il est richement garni de bronzes dorés. Larg., 96 cent.

12 — Grand contadore, à deux corps, richement incrusté d'or-

nements et de rosaces en ébène et en ivoire. Le haut est garni de douze tiroirs, et le bas est orné aux angles de cariatides en bois sculpté, incrustées d'ornements en bois d'ébène et ivoire. Larg., 1 mètre 15 cent. ; haut., 1 mètre 61 cent.

13-14 — Deux très-beaux contadores, entièrements couverts d'une riche incrustation d'ébène et ivoire représentant des rosaces. Les angles de la partie inférieure du meuble sont ornés de cariatides en bois sculpté avec incrustations d'ébène et ivoire. Garnitures et poignées en bronze découpé à jour et doré. Ils seront vendus séparément. Larg., 1 mètre 22 cent. ; haut., 1 mètre 10 cent.

15-16 — Deux autres contadores analogues à ceux qui précèdent, mais moins grands. Ils seront vendus séparément. Larg., 86 cent. ; haut., 1 mètre 22 cent.

17 — Très-jolie table, de forme carré long, à deux tiroirs et riche entrejambes, de même travail que les meubles qui précèdent. Ses pieds sont formés de cariatides de femmes en bois sculpté enrichies d'incrustations d'ébène et ivoire. Long., 1 mètre 12 cent. ; larg., 74 cent.

18 — Très-jolie table de forme carré long, à tiroirs et à quatre pieds avec entrejambes. Son ornementation se compose de rinceaux incrustés en bois d'ébène et ivoire. Modèle rare. Larg., 1 mètre 15 cent.

19 — Table semblable à celle qui précède.

20 — Grand lit portugais en bois de fer à dossier élevé, sculpté à ornements et enrichi de colonnettes. Ses angles et ses traverses sont formés de colonnes torses.

21 — Autre grand et beau lit portugais en bois de fer, analogue à celui qui précède. Son dossier est composé d'ornements de style rocaille.

22 — Très-grande table de forme carré long en bois sculpté, à rinceaux, et reposant sur six pieds en forme de balustre, reliés entre eux par des ornements à torsades. Son pourtour est garni de six tiroirs, et son dessus, d'un seul morceau, mesure 1 mèt. 82 cent. sur 1 mèt. 5 cent. Travail portugais.

23 — Petite table de forme carré long, à tiroir, reposant sur quatre pieds à balustres, avec entre-jambes en bois tourné. Travail portugais. Long., 1 mèt. 21 cent.; larg., 68 cent.

24 — Très-grande table carrée en marbre vert campan, sur pieds en bois de palissandre sculpté. Long., 1 mèt. 90 c.; larg., 1 mèt. 28 cent.

25 — Chaise à dossier élevé sur pieds en bois sculpté, garnie en cuir, à figures, fleurs et oiseaux gaufrés en relief et montée avec larges clous à têtes bombées en cuivre doré. Travail portugais.

26 — Joli guéridon de forme ronde et à pans, sur pied à balustre, reposant sur une base triangulaire. Ce meuble est

entièrement couvert d'un riche décor de mosaïque en bois, ivoire et cuivre, de la plus grande finesse d'exécution. Travail du Bengale fort remarquable.

27 — Très-belle console du temps de la régence, en bois sculpté et doré, à coquilles, fleurs et ornements, et à dessus de marbre brèche d'Alep. Larg., 1 mèt. 60 cent.

28 — Très-grande console du temps de Louis XV, en bois sculpté et peint en rouge. Les pieds, à consoles, sont ornés de têtes dans le style de Watteau, et sa face présente un large ornement enrichi d'un bouquet de fleurs. Dessus en marbre brèche.

29 — Belle cheminée en marbre brèche de Sicile, sur pieds à consoles et griffes de lion. Larg., 1 mètre 30 cent.

30 — Belle pendule du temps de Louis XIV, en marqueterie de cuivre sur écaille rouge, très-richement garnie de bronzes dorés. Ses pieds sont formés de cariatides de femmes ailées. Haut., 90 cent.

31 — Pendule pareille à celle qui précède, mais de travail moderne.

32 — Pendule et son socle-support, en marqueterie de cuivre sur écaille noire de l'Inde, richement garnie de bronzes dorés. Style Louis XIV.

33 — Petite pendule du temps de Louis XIV, en marqueterie de cuivre sur écaille rouge, garnie de bronzes dorés.

34 — Grande pendule et son socle-support, en laque noir à décor d'or en relief, très-richement garnie de bronzes ciselés et dorés. Style Louis XV. Haut. totale, 1 mètre 40 cent.

35 — Pendule analogue à celle qui précède, mais en laque fond rouge. Haut. totale, 1 mètre 40 cent.

36 — Grand meuble à deux portes, pleines dans le bas et vitrées dans le haut, plaqué en bois des Iles et à fronton cintré. Époque Louis XV. Haut., 2 mètres 55 cent.; larg., 1 mètre 45 cent.

37 — Fontaine et son bassin en faïence de Marseille à décor de fleurs sur fond jaune. La fontaine est supportée par un cul-de-lampe en bois sculpté à dessus de marbre et la cuvette repose sur une console à quatre pieds en bois sculpté du temps de Louis XVI, à dessus de marbre blanc.

38 — Meuble en marqueterie de cuivre et écaille, à deux portes vitrées et garni de bronzes. Haut., 1 mètre 75 cent.; larg., 1 mètre 20 cent.

39 — Belle vitrine plate et longue, à moulures en bronze doré et garnie de panneaux en glaces. Long., 1 mètre 44 cent.; larg., 52 cent.; haut., 26 cent.

40 — Petite vitrine analogue à celle qui précède. Long., 50 cent.; larg., 26 cent.; haut., 23 cent.

41 — Petite table à ouvrage de forme ovale, à trois tiroirs et

tablette d'entre-jambes, en bois d'acajou, garnie de bronzes dorés et à dessus de marbre blanc. Époque Louis XVI.

42 — Très-beau bureau de dame à dos d'âne, en laque noir à décor de paysages en relief, en or de couleurs. Il est enrichi et garni de bronzes ciselés et dorés, et l'intérieur est plaqué en bois de rose et bois de palissandre. Style Louis XV. Larg., 1 mètre 15 cent.

43 — Jolie commode du temps de Louis XV, en laque noir à décor de paysage en relief en or de couleur, et richement garnie de bronzes dorés. Dessus en marbre brèche d'Alep. Larg., 1 mètre 30 cent.

44 — Deux encoignures, de même style que la commode qui précède. Leurs panneaux sont décorés de volatiles.

45 — Commode Louis XV, à trois tiroirs, en laque noir à paysages et corbeilles de fleurs en or et couleurs, et garnie de bronzes dorés. Dessus en marbre rouge de Flandre.

46 — Commode analogue à celle qui précède, à dessus de marbre vert campan.

47 — Grand coffre, à couvercle cintré en laque burgauté, à décor de fleurs et d'oiseaux en or et couleurs. Il est à quatre faces et garni d'écoinçons et d'une serrure en bronze gravé et doré. Socle-support en bois noir sculpté avec ornements en bronze doré. Larg., 1 mètre 5 cent.

48 — Petit cabinet à tiroirs, fermant à deux vantaux, enrichi de panneaux à ornements et oiseaux sculptés en relief, laqués noir et rehaussés d'or. Il est garni en bronze doré et oxydé, et repose sur un socle en bois de fer sculpté découpé à jour. Travail de l'Inde. Larg., 84 cent.; haut., 94 cent.

49-50 — Deux petits secrétaires en laque noir et aventurine, à décor de paysages et personnages en or de couleurs, richement garnis de bronzes gravés et dorés. Dessus en marbre brèche d'Alep. Il seront vendus séparément.

51 — Petit meuble à hauteur d'appui en laque noir et aventurine, et à porte contournée, décorée de figures et de paysages en or de couleurs en relief. Dessus en marbre brèche d'Alep, et garniture de bronzes gravés et dorés. Larg., 63 cent.

52 — Bureau à quatre faces en laque noir à décor d'oiseaux et de fleurs en or et couleurs. Le pourtour est en bois sculpté à rosaces et doré, et il est garni d'ornements en bronze gravé et doré. Epoque Louis XV.

53 — Grand paravent à huit feuilles en laque noir, à décor de paysages et fleurs en or de couleur.

54 — Paravent à six feuilles en laque de Chine, à décor de paysages, fleurs et oiseaux en or et couleurs. Il est garni d'écoinçons en bronze doré.

55 — Encoignure à deux portes de forme cintrée, en laque noir à décor de paysages et figures en or de couleurs, et dessus en marbre brèche d'Alep.

56 — Autre encoignure analogue à celle qui précède, mais à une porte.

57 — Petite encoignure en bois de rose avec porte en laque à paysages en couleurs sur fond noir et garnie de bronzes dorés. Dessus en marbre brèche d'Alep.

58 — Jeu de quatre tables en laque noir à décor d'or en relief, représentant des paysages avec figures. Leurs pieds sont découpés à jour.

59 — Petit cabinet en laque burgauté, à tiroirs à l'intérieur et fermant à deux vantaux; sur socle aventuriné garni d'ornements en bronze doré. Larg., 65 cent.

60 — Petit cabinet à porte à abbattant, en marqueterie de nacre et écaille à damier. Travail de Constantinople. Larg., 28 cent.

61 — Petite commode à deux tiroirs, en laque noir, à décor de paysage en relief, en or et couleurs. Elle est richement garnie de bronzes ciselés et dorés, et son dessus est formé d'une tablette en marbre brèche d'Alep. Style Louis XV. Larg., 78 cent.

62 — Petit cabinet en laque noir à décor d'or et garni d'ornements en bronze doré. Larg., 36 cent.

63-65 — Six fûts de colonnes, en bois sculpté à ornements. Ils seront vendus par paires. Haut., 1 mètre 15 cent.

66 — Très-grande commode en bois d'acajou moucheté à six tiroirs, à moulures en bronze et dessus de marbre griotte. Travail de Jacob. Larg., 1 mètre 55 cent.

67 — Commode du temps de Louis XIV, à quatre rangs de tiroirs, en marqueterie de bois de placage et garnitures en bronze doré. Dessus de marbre rans.

68 — Deux jolies jardinières à ressauts et à angles coupés, en bois noir à moulures, enrichies sur toutes leurs faces de panneaux de laque noir à décor d'or.

69 — Petit coffre à deux compartiments, en écorce de bambou laquée et avec figures, fleurs et animaux en pierre de lard sculptée et rapportés.

70 — Boîte à trois compartiments, socle-support et plateau intérieur, en laque fond brun à décor en couleurs; son couvercle présente une mosaïque en relief exécutée en nacre, bois, etc.

71-75 — Cinq coffrets à couvercle cintré, en laque aventuriné et burgauté à décor d'or. Ils sont garnis en cuivre doré et reposent sur des socles en bois noir sculpté. Ils seront vendus séparément.

76-77 — Deux grands coffres, à paysages et figures burgautés sur fond laqué noir. Ils seront vendus séparément.

78 — Deux boites formant cachepots, en laque noir à décor d'or, montés sur socles et à anses de style chinois en bronze doré.

79-80 — Deux chevalets en laque noir à riches décors d'or. Ils seront vendus séparément.

81-83 — Trois paires de supports ou consoles, en bois sculpté à dragons de style chinois, et enrichis de porcelaines du Japon sur fond de palissandre. Ils seront vendus par paires.

84 — Tric trac en bois de noyer incrusté de nacre de perle. Époque Louis XIII. Il est accompagné de ses jetons en morse et en écaille.

85 — Petite glace biseautée avec cadre en écaille et moulures guillochées en ébène. Époque Louis XIII.

86-91 — Douze consoles en bois sculpté et doré. Époque Louis XV et Louis XVI. Elles seront vendues par paires.

92 — Deux autres consoles formées de dragons chimériques en bois sculpté et doré, à dessus de marbre vert campan et moulures en bronze doré.

93 — Deux panneaux de forme carré long en hauteur, en bois de fer incrusté de branchages, d'oiseaux et de caractères en nacre de perle gravée. Poignées en bronze doré.

94 — Deux tableaux analogues, en laque noir.

95 — Socle de pendule en marqueterie de cuivre et écaille, garni de bronzes dorés, style Louis XV.

96 — Deux écrans brodés sur soie et montés en bois de fer sculpté et découpé à jour.

97 — Deux grands vases fond jaune nankin à fleurs et animaux en relief décorés en couleurs. Ils reposent sur des socles à trépieds et supportent des bouquets de lis en bronze à treize branches porte-lumières.

98 — Deux vases, modèle potiche, à couvercle, fond violet à décor de fleurs et d'oiseaux en relief. Ils reposent sur des socles à trépieds.

99 — Deux très-grands vases décorés d'arbustes, de fleurs et d'oiseaux en couleurs sur fond vert d'eau. Ils reposent sur des socles-supports.

100 — Deux grands vases, à décors en relief laqués rouge haricot, sur socles.

101 — Garniture de trois pièces : potiche et deux cornets, à médaillons en relief laqués brun et or sur fond bleu.

Bronzes d'art et d'ameublement

102 — Pendule en bronze doré et marbre blanc, du temps de Louis XVI. Mucius Scævola devant Porsenna.

103 — Deux vases en porcelaine de Sèvres, à décor d'ornements et figures en couleurs sur fond blanc, et anses mufles de lion en relief. Ils sont montés en bronze doré, et supportent quatre branches de tulipes porte-lumières. Style Louis XVI.

104 — Deux petits vases en granit vert des Vosges, montés en bronze doré au mat et sur fûts de colonne en porphyre rouge oriental. Style Louis XVI.

105 — Deux vases de forme ovoïde en spath-fluor, montés en candélabres en bronze doré à trois branches de tulipes.

106-107 — Deux paires de candélabres à quatre lumières, formés de chiens couchés, montés en bronze doré de style chinois. Ils seront vendus par paires.

108 — Joli petit lustre à six lumières, modèle à console, richement garni de cristaux de Bohême. Époque Louis XIII.

109 — Lustre en verre à six lumières et branches à rinceaux.

110 — Lustre du temps de Louis XVI, en verre, à six lumières et garni de pendeloques.

111 — Deux lampes Carcel placées dans des vases en ancienne porcelaine du Japon, à décor de fleurs et ornements en camaïeu bleu, montés en bronze doré de style Louis XVI, à anses mufles de lion.

112 — Deux lampes Carcel, placées dans des vases en marbre onyx de l'Algérie, de forme ovoïde, montés à anses et sur socles en bronze doré. Style Louis XVI. Haut., 60 cent.

113 — Deux lampes Carcel, analogues à celles qui précèdent, mais plus petites. Haut., 55 cent.

114 — Deux autres lampes Carcel, de même modèle, mais en marbre d'Écosse, fond brun avec parties chatoyantes. Haut., 55 cent.

115 — Deux autres lampes analogues à celles qui précèdent. Elles sont montées en bronze oxydé de style chinois. Haut., 60 cent.

116-120 — Cinq coffrets en onyx d'Algérie, montés en bronze doré à ornements de style chinois. Ils seront vendus séparément.

121 — Deux bustes en bronze appliqués sur marbre blanc.

122 — Éléphant en bronze richement caparaçonné et supportant une pagode qui renferme un mouvement de pendule. Il repose sur un socle en bronze doré.

123 — Deux vases en bronze, à panse sphérique enrichie de chimères et de fleurs en relief, et à gorge évasée garnie d'un dragon en haut relief, rehaussé de parties dorées. Travail japonais. Haut., 55 cent.

124 — Vase à fleurs de forme ovoïde, en bronze, supporté par trois figurines d'enfants et garni à sa partie supérieure d'un large plateau. Travail japonais. Haut., 28 cent.

125 — Figure fantastique de divinité chinoise, en bronze. Haut., 80 cent.

126 — Deux jolies figurines d'enfants musiciens, en bronze doré, sur socles en ébène avec marqueterie d'écaille et étain.

Faïences

127 — Belle jardinière-aquarium, en faïence italienne blanche, de forme carré long, reposant sur des dauphins debout, et enrichie de mascarons et d'ornements découpés à jour. Elle repose sur une table en bois de fer à pieds à X. Long., 86 cent.; larg., 49 cent. ; haut., 51 cent.

128 — Très-grand vase-jardinière en faïence, à panse à godrons émaillée vert, et enrichie de figures d'enfants et de branches de vigne réservées en blanc.

129 — Charmant petit vase à couvercle en ancienne faïence de Rouen à décor polychrome, à fleurs et ornements.

130 — Soupière en faïence en forme de poule, sur plat de forme contournée.

131 — Deux grandes gourdes en faïence de Delpht à décor d'oiseaux et de fleurs en camaïeu bleu.

Porcelaines

132 — Deux beaux vases en porcelaine de Sèvres, présentant chacun deux sujets pastoraux finement peints, d'après Boucher, et des sujets gaufrés en relief, émaillés bleu. Leurs gorges et leurs culots sont décorés de feuillages en relief réservés en blanc et rehaussés d'or. Ils sont richement montés à anses, piédouches et contre-socles en bronze doré, et placés sur pivots. Haut., 94 cent.

133 — Beau pot à eau en ancienne porcelaine de Sèvres, pâte tendre à décor de fleurs en couleurs et rehauts d'or. Sa cuvette est en porcelaine dure.

134 — Deux jolies petites potiches en ancienne porcelaine du Japon, à décor de fleurs en bleu, rouge et or. Leurs couvercles sont surmontés de figurines de femmes.

135 — Deux grandes potiches à pans et à couvercles en ancienne porcelaine du Japon à décor en camaïeu bleu; sur socles en bois noir.

136-140 — Dix porte-tasses en forme de coquille et à galeries découpées à jour, en ancienne porcelaine de l'Inde à décor de fleurs et ornements émaillés en couleurs. Ils seront vendus par paires.

141 — Coupe en ancienne porcelaine du Japon à décor de fleurs en couleurs, montée à anses et sur piédouche en bronze doré. Style Louis XVI.

142 — Jardinière en porcelaine de Chine à décor de personnages en couleurs et montée à anses et sur piédouche en bronze doré. Style Louis XVI.

143 — Deux jolies potiches en ancienne porcelaine du Japon à décor de fleurs en camaïeu bleu, avec socles et couvercles en bois d'ébène sculpté.

144 — Deux petits vases en porcelaine craquelée de la Chine, avec monture de style rocaille en bronze doré, et bouquets garnis de fleurs en ancienne porcelaine de Sèvres.

145 — Deux chimères en ancien céladon bleu turquoise et violet.

146 — Figurine de guerrier en ancien céladon vert d'eau de la Chine. La tête a été dorée. Pièce très-curieuse.

147-151 — Un lot de plats en ancienne porcelaine de la Chine émaillés en couleurs. Ils seront vendus séparément.

152 — Environ vingt assiettes en ancienne porcelaine de Chine, à décors émaillés en couleurs.

Objets variés

153 — Deux beaux panneaux en verre de forme carré long en hauteur, à décor d'or et d'argent sur fond noir, représentant de riches ornements à rinceaux, des cariatides et des médaillons. Époque Louis XIV. Haut., 2 m.; larg., 23 cent.

154 — Deux panneaux carrés à décor de même style en or sur fond noir représentant des paysages avec figures et et animaux. Haut., 65 cent.; larg., 55 cent.

155 — Deux panneaux analogues, plus petits. Haut., 65 cent.; larg., 48 cent.

156-171 — Environ seize paires petits fûts de colonnes ou socles, en porphyre rouge oriental, en porphyre vert, etc., montés en bronze doré. Ils seront vendus par paires ou séparément.

172-173 — Deux paires bras de cheminée en fer forgé de style Louis XIII, à trois lumières et à branche à développement. Ils seront vendus par paires.

174 — Bustes du Christ et de la Vierge en terre cuite peinte. Travail du XVIe siècle.

175 — Deux statuettes de Vierge en bois sculpté. L'une d'elles a conservé des traces de dorure.

176 — Grande et belle croix sur socle riche, incrustée d'ornements en nacre de perle gravée. Travail de Jérusalem. Haut., 1 m. 29 cent.

177 — Groupe en corail sculpté en forme de branchages et tête d'animal fantastique, garni de ses chaînes de suspension de même matière et placé dans un support en bois de fer sculpté découpé à jour. Travail chinois.

178 — Huit jolies figurines d'applique en ivoire sculpté et rehaussées de couleurs. Travail chinois très-fin.

179 — Petite jonque, de travail analogue, avec figurines de rameurs.

180-185 — Douze plats en laque noir et rouge à décor d'or. Ils seront vendus par deux.

186 — Très-grande pagode en ivoire peint en couleurs, et enrichie de figurines mobiles.

TABLEAUX

187 — RIBERA. — Saint personnage en prière, vu à mi-corps.

188 — BREUGHEL, dit DE VELOURS. — Jonas sortant du ventre de la baleine.

189 — LEBRUN (attribué à). — Le triomphe de Bacchus. Dans un cadre doré.

190-192 — ANT. COYPEL. – Trois tableaux, sujets mythologiques. Dans des cadres dorés. Il seront vendus séparément.

193 — ÉCOLE FRANÇAISE DU XVIIIe SIÈCLE. — Jeune femme en riche costume Louis XVI, tenant son enfant assis sur ses genoux. Cadre en bois sculpté et doré.

194 — BAPTISTE. — Corbeille de fleurs.

www.ingramcontent.com/pod-product-compliance
Ingram Content Group UK Ltd.
Pitfield, Milton Keynes, MK11 3LW, UK
UKHW021037260726
13994UKWH00005B/2207

9 782329 512709